AF510246

एहसास

कविताओं का अनमोल संग्रह

Prachi Sharma

BookLeaf Publishing
India | USA | UK

Copyright © Prachi Sharma
All Rights Reserved.

This book has been self-published with all reasonable efforts taken to make the material error-free by the author. No part of this book shall be used, reproduced in any manner whatsoever without written permission from the author, except in the case of brief quotations embodied in critical articles and reviews.
The Author of this book is solely responsible and liable for its content including but not limited to the views, representations, descriptions, statements, information, opinions, and references ["Content"]. The Content of this book shall not constitute or be construed or deemed to reflect the opinion or expression of the Publisher or Editor. Neither the Publisher nor Editor endorse or approve the Content of this book or guarantee the reliability, accuracy, or completeness of the Content published herein and do not make any representations or warranties of any kind, express or implied, including but not limited to the implied warranties of merchantability, fitness for a particular purpose.
The Publisher and Editor shall not be liable whatsoever...

Made with ❤ on the BookLeaf Publishing Platform
www.bookleafpub.in
www.bookleafpub.com

Dedication

मेरे परिवार और कृष्णा को समर्पित, जिनके समर्थन और प्रेरणा के बिना मैं यहाँ तक नहीं पहुँच पाती| उन सभी को, जिन्होंने इन एहसासों को जिया, समझा और महसूस किया, यह "***एहसास***" उन्हीं को समर्पित है|

Preface

एहसास, केवल इस किताब का नाम नहीं, ये एक अनुभव है| एहसास वो है जो आप हर पल, हर जगह, हर स्थिति में महसूस करते हैं| उस हर एक अनुभूति को एहसास कहते हैं|

इस किताब में 21 कविताएँ लिखी गई हैं, जो जीवन के अलग-अलग अनुभवों से प्रेरित हैं| कभी मेरा खुद का जीवन, कभी किसी और का मुझे ये कविताएँ लिखने की प्रेरणा देता है| पर मैं मानती हूँ, हम कभी कविताओं को न ही चुनते हैं, न ही लिखते हैं, बल्कि कविताएँ हमारे माध्यम से कागज़ पर उतरती हैं| हम तो यंत्र मात्र हैं|

यह संग्रह केवल मेरा लेखन नहीं, बल्कि आप सभी के साथ एक संवाद है| मुझे विश्वास है कि जब आप इन पंक्तियों को पढ़ेंगे, तो आपके भीतर भी कुछ स्मृतियाँ, कुछ भावनाएँ जागृत होंगी, और आपको लगेगा कि ये एहसास आपके अपने हैं| आखिर ये एहसास ही तो हैं जो हम इंसानों को सबसे अलग करते हैं|

Acknowledgements

देखा जाए तो इन कविताओं का संग्रह करने में कई वर्ष लगे हैं| मैंने कुछ 12 वर्ष की उम्र से कविताएँ लिखना शुरू किया और आज इस मुकाम पर मेरे परिवार, दोस्त और उन सभी लोगों के कारण पहुँच पाई जिन्होंने मेरी हर कविता सुनकर मेरा मनोबल बढ़ाया और आगे बढ़ते रहने की शक्ति दी|

मैं अपने परिवार, दोस्त, कृष्णा एवं उन सभी लोगों को असीम धन्यवाद देना चाहती हूँ जिनके अटूट समर्थन और प्रेम से "एहसास" का जन्म हुआ है|

मैं BookLeaf Publishing का विशेष धन्यवाद करना चाहूंगी, जिन्होंने "एहसास" को प्रकाशित करने और मेरे सपने को साकार करने में मदद की| उनके सहयोग के लिए मैं आभारी हूँ|

हर उस व्यक्ति का भी धन्यवाद, जिसने कभी न कभी मुझे अपने अनुभवों से प्रेरित किया, चाहे वह मेरा अपना जीवन हो या किसी और का|

आप सभी पाठकों को भी धन्यवाद, जो इस किताब को पढ़कर जीवन के रस को ग्रहण करेंगे और इन एहसासों में खुद को पाएँगे|

1. भक्त

सुबह सवेरे निकली घर से,
मंद मंद मुस्काती है,
आज फिर श्रीश्रेष्ठ से मिलने,
देवालय दौड़ी जाती है।

सुध-बुध खोके बैठी वो,
बस कृष्ण कृष्ण का जाप करे,
हर रात्री आँगन में,
जो उषाकाल का ध्यान करे।

सूरज की पहली किरणें,
जब आँगन में गिर जाती हैं,
छनक छनक छन छनके पायल,
बगुले-सी उड़ जाती है।

हाथ कटोरी, फूल उठाए,
रूप-सज्जा का सामान लिया,
मक्खन भरके चली चुन्नी में,
श्रीजी का बड़ा ध्यान किया।

चली प्रभात ऊँची चोटी पे,
ठाकुर जी जहाँ बैठे हैं,
भक्ति में भी प्रेम अटल है,
सभी लोग यही कहते हैं।

जा पहुँची वो द्वार,
उस नटखट मुरली वाले के,
चौखट चूमी, मस्तक रगड़ा,
दीन-दयाल कृपालु के।

फिर कहती –
"आज तो खूब मैं तुम्हें सजाने आई हूँ,
रोली, चंदन और कुमकुम,
मस्तक पे लगाने आई हूँ।"

वैजयंती माला, मोर मुकुट से,
तेज भयंकर लगता है,
निगमशोभना, रत्नमुखी से,
श्याम सलोना लगता है।

फिर बोल उठी –
"क्यों रे कान्हा,
मक्खन नहीं तू खाएगा?
तुझे भोग लगाए बिना,
कुछ रस मुझे न आएगा।"

कान्हा बोले –

"ओ चंचल,
क्यों इतनी व्याकुल होती है,
धीरज धर तू सिर पर,
तेरी विरह न छोटी है।"

कुछ थम के बोली –
"ओ गोवर्धनधारी,
ये शब्दों की गुत्थी में,
मुझको न उलझाओ तुम,
दोस्त-बन्धु हो तुम मेरे,
बस इतनी बात जान जाओ तुम।"

यूँ ही दैनंदिन चलते,
और बात-विवाद भी होती है,
भक्त-प्रभु रस में डूबे,
क्या लीला अनोखी होती है।

पर एक दिन ऐसा आया,
कान्हा न सजे, न खाया,
बूझो तो जग में सारे,
आज भक्त द्वार न आया?

मुरलीधर हुए बड़े व्याकुल,
आज मक्खन कौन खिलाएगा,
ऐसा कभी हुआ न जो,
वो अनुचर कब वापस आएगा?

साँझ जब ढलने को आती,
अब मन कहीं न रुकता है,
केशव भागे देवगृह से,
भक्त कहीं न दिखता है।

भक्ति का भी रूप निराला,
जगदीश को नर बनाता है,
पत्थर की मूरत में भी,
प्रेम, करुणा जगाता है।

भक्ति-रस में डूब रहे,
हर नर-नारी से पूछो,
धन-दौलत अनमोल रतन,
ना हमको कान्हा पूछो।

घोर विकट ये पाप हुआ,
"त्राहि त्राहि" सब कह डाले,
प्रभु न दिखते अब मंदिर में,
हाय! कहाँ गए जग के ग्वाले?

दूर-दूर जब शोर उठा,
अब पंडित भी घबराया,
इतनी पूजा करके भी,
खुद को ही अकेला पाया।

गोविंदा तो बड़े निराले,
अब उसी भक्त को तकते हैं,

ना मक्खन, ना श्रृंगार,
अब वो विरह में मरते हैं।

2. अन्याय की सभा

आज सभा को देखो तो,
हर कोण महकता लगता है,
चौसर की अठखेली में,
चक्रव्यूह रचा-सा लगता है।

जो पासा फेंको तो देखो,
हार हाथ ही आती है,
पाण्डवों की नियति आज,
निराश खुद को पाती है।

सभा सभी में लोग खड़े,
शकुनी चालें चलता है,
हर बाज़ी में जीत मिले,
युधिष्ठिर व्याकुल लगता है।

गाँव, अनाज या खेत सभी,
दाँव पे आज लगाए हैं,
विनाशकाले विपरीत बुद्धि,
के उदाहरण बनने आए हैं।

एक-एक कर के कोश दिया,
अब रहता क्या धर्मराज के पास?
लोभ, लालसा जकड़ गई,
विवेक ने छोड़ा उनका साथ।

ना रहे नरेश अब वो,
ना अपनी प्रजा बचा पाएंगे,
शकुनि बोले – "अब युवराज
आप क्या दाँव पे लगाएंगे?"

हाय, मति ऐसी मरी,
सूझ-बूझ का त्याग किया,
बोल उठे उस बैठक में,
अपने ही अनुज का नाश किया।

नकुल, सहदेव, अर्जुन, भीम,
ये वीर बाध्य बैठे हैं,
शीश झुकाए राज-लोक में,
अपमान खूब सहते हैं।

अब भी न माने वो,
हठ कर के खुद को लगाया,
युधिष्ठिर दाँव में आज,
खुद को भी हारा पाया।

निर्वस्त्र किए जा रहे पाण्डव,
हाय सभा दया न आई?

मौन धरा सब ऋषि-मुनि ने,
अब कहाँ गई चतुराई?

दुर्योधन की गूँज हँसी,
तनिक मन-सा अब घबराया,
बोला उठा है वो पापी,
“युधिष्ठिर, मैं बात अनोखी लाया।”

“एक दाँव जो तुम जीतो,
सब कुछ फिर से पा जाओगे,
धन, दौलत, अपने अनुज को,
गले से तुम लगाओगे।”

“यदि हार गए तो सुन लो,
ये शर्त है निराली,
सब कुछ त्याग वन में,
काटोगे चौदह वर्ष भारी।”

“यदि आखिरी वर्ष में,
मैं तुम्हें ढूँढ के लाऊँगा,
ये वनवास तुम्हें फिर,
पुनः पूर्ण करवाऊँगा।”

“तो क्या सोचा ज्येष्ठ भ्राता,
आखिरी दाँव खेल पाओगे?
बतलाओ तुम मुझको अब,
क्या दाँव पे लगाओगे?”

हारे हुए युधिष्ठिर को,
तनिक लाज न आई,
बोल उठे मुख से वो अब,
"द्रौपदी दाँव पे लगाई।"

गूँज उठे अम्बर में जो,
आज अंधकार ही छाया है,
देखो तो कुरुवंश में,
स्वयं काल चल के आया है।

पराजय से शतिग्रस्त पाण्डव,
दुर्योधन जश्न मनाए,
दुःशासन से कहके
"द्रौपदी को सभा में बुलवाए।"

केश पकड़ वो लगा खींचने,
ये कैसी दुर्दशा है?
पांचाली के देह पे उचित
वस्त्र भी न अभी चढ़ा है?

ला सभा में भरी उसे,
किया सामने खड़ा,
कुरुवंश की राजकुमारी,
की हाय ऐसी दुर्दशा?

पाण्डव सारे बंधे वचन में,

एकटक आँख न देखा,
पांचाली ने ज़रा गरज के,
प्रश्न सभा में फेंका।

"जो खुद हारा है,
वो मुझे दाँव कैसे लगाएगा?
इन्साफ कहाँ है इस युग में,
मुझे कौन ये बतलाएगा?"

सब मौन धारण कर,
आँख मूँद के बैठे थे,
दुर्योधन पांचाली को,
वस्त्रहीन करने कहते थे।

दुःशासन लगा खींचने,
भरी सभा में साड़ी,
हाय बेचारी खूब चीखती,
थर-थर काँपी नारी।

विचित्र खेल है इस युग का,
कमज़ोर जहाँ हर जन है,
रणभूमि में शूरवीर,
और सभा में कायर नर हैं।

अन्ततः वो याद करे,
उस मुरलीधर वाले को,
वो धर्माध्यक्ष, वो जनार्दन,

उस गोकुल के ग्वाले को।

तेज़ रोशनी, चमक उठी,
सब धुँधला-सा दिखता है,
पांचाली की रक्षा हेतु,
स्वयं नारायण प्रकट उठा है।

आज कितनी द्रौपदी को,
नारायण बचा पाएँगे?
दुःशासन है हर जगह,
नारी को नोच खाएँगे।

पर हर एक दुर्योधन का,
अंत अन्ततः होता है,
पाप करके वो पापी,
कहाँ चैन से सोता है?

3. विडम्बना

है विडम्बना घोर ये,
ना मैं कुछ कह पाऊँगी,
स्त्री होने का दुख जीवन भर सिर सिर रो पाऊँगी,
बूझता मुझको न कोई, बूझता न संसारा है,
तिल तिल करके इज़्ज़त लूटी हुआ कहाँ इंसाफ़ है,
दर दर गुज़रती हूँ गलियों से, रातों से मैं घबराती हूँ,
चन्द्रमा या तारों को अब कहाँ निहार पाती हूँ?
मैं देखती हूँ बन्द दरवाज़े, दीवारों के बीच रह जाती हूँ,
महफ़ूज़ न हूँ अपने घर में, जिसे देश मैं कहलाती हूँ,
मैं देखती हूँ उस हर नज़र को जो साथ मेरे चलती है,
मैं क्या करूँ, मैं क्या कहूँ विडम्बना ये कुछ ऐसी है!

मैं पूछती आकाश में गोपाल से तू ये बता,
क्या तू नहीं आएगा अब,
यहाँ द्रौपदी सब हैं जमा!

4. किरदार

मैं एक किरदार निभा रहा हुं,
कभी सच्चा, कभी झूठा एहसास दिला रहा हुं,
कभी खुद ही भूल जाता हूं कि चेहरा है या मुखोटा,
कभी खुद ही आईने को देखके डर जाता हुं,

सबके साथ कुछ और, तेरे साथ कुछ और,
और अकेले कुछ और जीए जा रहा हुं,
खुद के ही अस्तित्व को पहचानने के चक्कर में,
खुद पे ही सवाल उठा रहा हुं,

मैं दूर तक फैली वो काली चादर को परछाई बतला रहा हुं,
मैं दिन और रात में सैकड़ों बार बदल जा रहा हुं,
मैं इंसान हुं जनाब,
मुझे खुदकी पहचान नहीं,

जब मैं मां, बाप, बेटा, भाई, बहन, दोस्त नहीं,
तब मैं अकेला पड़ जा रहा हूं,
मैं किस्से पूछु, कहा ढूंढू, वो आइना एक ऐसा,
जिसे मेरे इन किरदार के भीतर दिखता हो,
जिसे मैं नहीं, मुझमें सब दिखता हो,

.

.

.

मैं एक किरदार निभा रहा हुं,
और क्या खूब निभा रहा हुं।

5. अक्सर

मैंने अक्सर लोगों को दूसरों से ज़्यादा ख़ुद से लड़ते देखा है,
मैंने अक्सर शोर में लोगों को चुप देखा है,
अक्सर भीड़ में लोगों को अकेला पाया है,
और अक्सर साथी की खोज में स्वयं को पाया है,
अक्सर जीती हुई इन्द्रियों के आगे सर झुकाया है,
अक्सर नास्तिक को मंदिर में पाया है,
मैंने अक्सर शब्दों से ज़्यादा आँखों से समझाया है,
और अक्सर विश्वास में अंधविश्वास पाया है,
अक्सर देवी को पूजते लोगों ने औरत को नोच खाया है,
अक्सर ग़रीब को हँसते और अमीर को रोते पाया है,
मैंने अक्सर इस संसार में उलझी हुई कहानियाँ देखी हैं,
और अक्सर ही मैंने उनमें ख़ुद को और खुदमें उनको पाया है|

6. चेहरा या मुखौटा

मुखौटे को चेहरे से हटाओ तो क्या दिखता है?
एक और मुखौटा!
आख़िर कितने मुखौटे हटाऊँ मैं?
कितनों से चेहरा छुपाऊँ मैं?
कितनों की आँखों से बचके आईना देख पाऊँ मैं?
आईने में साफ़ दिखता है,
मुखौटा नहीं, इंसान दिखता है,
मुरझाई आँखें, दुबले गाल,
चिंता की रेखा, हैं दुख हज़ार,
काँपते हाथों से जब चेहरा छूता हूँ,
तो राख की तरह बिखर जाता है,
मैं फिर मुखौटा लगाता हूँ,
फिर समाज में जाता हूँ,
मैं फिर वही क्रम दोहराए फँसता चला जाता हूँ,
मुझे बोध है इस चक्रव्यूह का,
ज्ञान है, आभास है,
एहसास है किस सहजता से,
बदलते आवास हैं,
मैं डरता हूँ कि एक दिन इस मुखौटे से अलग नहीं हो पाऊँगा,
ये मेरी पहचान में इसकी पहचान बन जाऊँगा।

.

.

मुखौटे को चेहरे से हटाओ तो क्या दिखता है?
भूतों-भूतार्थ से परे, एक कमज़ोर इंसान दिखता है।

7. जात

हाँ माँ मुझे याद है,
वो चुनर का रंग, वो गालों की लाली,
वो हाथों की मेहंदी जो थोड़ी कम थी काली,
वो लाल सिंदूर माथे पे सजा था,
वो मंगलसूत्र जो गले में पड़ा था,
वो तुम्हारा सिसकना, बाबा का बिलखना,
वो आँखों के आँसू और मुझे देर तक तकना,
मुझे याद है वो सारी बातें जो तुम कहा करती थी,
शादी इंसान से नहीं उसकी जात से करनी थी,
वो प्यार नहीं करता तो क्या हुआ?
वही रस्में, रीति मिलेंगी ये बात याद रखनी थी,

एक बिरादरी, एक कौम हो, सहज तुम्हारा जीवन होगा,
मन मिलने से क्या होता है, सम्मान तुम्हारा अधिक होगा,
तुम खुश हो या न हो, समाज बड़ा ही खुश होगा,

पर माँ तुम ग़लत थी,
बे-मन मैं किसको प्यार करूँ?
कैसे किसी के जीवन का आधार बनूँ?
समाज से जब भाग के मैं घर वापस आऊँगी,

किसको अपने मन की बात, किसको कथा सुनाऊँगी?
कौन समझेगा मेरा मन, मेरे तन की कौन इज़्ज़त करेगा?
मेरी ज़िंदा लाश बनकर मुझे कौन ही प्यार करेगा?

माँ मन न मिले तो कैसे जीएँ?
सिर्फ़ साँस थोड़ी काफ़ी है,
चार दीवारी में घुट जाऊँगी,
ये बात बड़ी भारी है,

तुम समझो माँ ये मन के रिश्ते ऊपर सबसे होते हैं,
तुम जात-एक सी ढूँढ लो, पर दिल न कभी मिलते हैं,
बिन दिल का क्या जीवन, ये तो ख़ुद से ही एक धोखा है,
मेरी बात तुम तो समझो, मुझे क्यों तुमने रोका है?

जीने दो एक ज़िंदगी उस प्यार के सहारे,
जो जात, पात, समाज से ऊपर मन में बसे हमारे।

...

हाँ माँ मुझे याद है,
मेरा ये कहना और तुम्हारा सुनके हमेशा की तरह चुप रहना।

8. आख़िरी शिखर

आख़िर जब मैं पहुँचा हूँ उस आख़िरी शिखर पर,
नील गगन, अम्बर चूमे, धरती काँपी थर-थर।
मैं देखता उस चोटी से, दूर-दूर के नज़ारे,
जहाँ कहीं पहुँचे चक्षु, सब मुझसे हैं हारे।

मैं आज खड़ा इस पर्वत पर, खूब रस में डूबा हूँ,
कल न जाने क्या होगा, पर आज मैं ही जीता हूँ।
मैं जीत गया उन सबसे, जो तिरस्कार ही करते थे,
मुँह पर चार वो गाली, पीछे थूका करते थे।

मैं जीत गया उन सबसे, जिनको मैं हारा लगता था,
मेरी भेष-भूषा, मैं बेचारा लगता था।
मैं जीत गया उन सबसे, जो मुँह पे आके हँसते थे,
कहते थे "तुम कौन हो?" फिर खूब ठहाके लगते थे।

मैं जीत गया उस भीड़ से, जो आगे कभी न बढ़ती है,
दूसरों की उन्नति से खूब जला जो करती है।
मैं इस शिखर की चोटी से, दूसरे पर जाऊँगा,
रुका कभी न था मैं, न अब रुक पाऊँगा।
मैं गहरी नदियाँ, घने जंगल पार कर जाऊँगा,

अब अपनी सीमाओं को और बढ़ाऊँगा।

आख़िर अंत में रुकके, एक सवाल मन में आया है,
जीत के भी क्या हारा और हार के क्या कमाया है?

9. अधूरा

तुम बिन कितना अधूरा लगता है?

मैं सोचता, तुम होते तो मन का शोर कुछ कम सा होता,
मैं सोचता, तुम होते तो नई जगह जीवन में थोड़ा रंग सा होता,
मैं सोचता, तुम होते तो ये हवा छूके मुस्कुराया करती,
तेरी हँसी, खिलखिलाहट मुझे और रिझाया करती,
मैं सोचता, तू होता तो हाथों में हाथ लिए बस चलते जाते,
मंज़िलों का क्या था, रास्ते में संग तेरे गुल खिलते जाते,
मैं सोचता, तू होता तो ये होता, वो होता और न जाने क्या-क्या होता?
पर तू है नहीं मेरे साथ,
और सच कहूँ तो हक़ीक़त से ज़्यादा मैं सपनों में जीने लगा हूँ,
तेरी हर वो आदत याद रख के, मन ही मन रोने लगा हूँ,
सोचता मैं कैसे तुझे आज बतलाऊँगा,
तेरे माथे की बिंदी, तेरा सुहाग बन पाऊँगा,
सोचता अगर मैं कर सकूँ इकरार अपने प्रेम का,
तो इस कविता से ना ज़्यादा कुछ और लिख पाऊँगा,
इस कविता से ना ज़्यादा कुछ और लिख पाऊँगा।

.

.

तुम बिन इतना अधूरा लगता है।

10. तुम अँधेरे से डरते हो क्या?

गीले पन्ने पर स्याही चलाकर क्यों दिखा रहे हो?
जो कतरा-कतरा टूटा है, उसे क्यों बचा रहे हो?
डूबती सांझ की रौशनी के पीछे भागने से क्या मिलेगा?
उगते सूरज की किरणों से मुँह क्यों छुपा रहे हो?
उन ऊँची पहाड़ की चोटी को छूना है,
तो इन पत्थरों से क्यों घबरा रहे हो?
अपने अंदर ये इतना अँधेरा क्यों छुपा रहे हो?
डर गए हो क्या?
रुकना है?
या आज फिर उस मूर्ति के आगे झुकना है?

तुम बादलों की तलाश में थे, मैं पूरा ब्रह्मांड ले आया,
तुम मन में लगी उस आग से पूछो, मैं भूराल ले आया,
तुम तिन तिन कर देखते रहोगे,
मैं आँधी सा ओझल होके तुम्हें अपने साथ ले आया,
मैं आँधी सा ओझल होके तुम्हें अपने साथ ले आया,
तुम अँधेरे से डरते हो क्या?
लो मैं रौशनी साथ ले आया!

11. वो दुल्हन बनके जा तो रही है

कभी देखा है तुमने सांझ को ढलते हुए?
बिलकुल उसी तरह वो थी।
जैसे सूरज की लालिमा पूरे आकाश को अपने रंग में रंग देती है,
ठीक उसी तरह वो लाल चुन्नरी ओढ़े अपनी मुस्कान से मन मोह लेती थी,
सांझ में मिलने वाले सुकून जैसा ही तो उसका चरित्र था,
वो ढलते-ढलते भी आकाश समान जीवन को इतने रंगों से भर देती मानो इंद्रधनुष हो।

पर आज वो जा रही है,
चिड़ियों के समान अपने आँगन में कहाँ लौटेगी अब?
वो शाम भी फीकी लगेगी जिसमें वो न हो,
आकाश में कभी लालिमा न दिखे,
तो मन में एक मरोड़ सा पैदा हो जाता है,
ठीक उसी तरह, वो मरोड़ अब जीवन भर रहेगा।

वो दुल्हन बनके जा तो रही है, हमसे दूर,
पर उसके पायल की छनक आँगन में हमेशा गूँजेगी।

वो दुल्हन बनके जा तो रही है, हमसे दूर,

पर बहन तो वो मेरी हमेशा ही रहेगी।

वो दुल्हन बनके जा तो रही है, हमसे दूर,
पर वो अब सांझ के सूरज की तरह नहीं तो चंद्रमा की तरह दिखेगी तो ज़रूर।

वो दुल्हन बनके जा तो रही है, हमसे दूर,
पर कभी इतनी दूर नहीं!

12. सवाल

पता है आजकल कैसा लगता है?
जैसे जीवन में रंग तो हैं, पर उनका बिखरना थोड़ा अटपटा है,
जैसे सात सुर तो हैं, पर उनके मिश्रण से मधुर संगीत नहीं निकलता है।
ऐसा लगता है मानो हर वक़्त मन घबराया हुआ है,
उसे टटोलती हूँ तो कुछ मिलता नहीं।
मैं खुश नहीं हूँ शायद,
शायद ख़ुद से जो उम्मीदें थीं वो पूरी नहीं कर पाई।
बिखरा-बिखरा सा लगता है,
ऐसा लगता है मानो कितने समय से मनोबल टूटा हुआ है,
कभी जुड़के वापस आता ही नहीं,
बार-बार मन के उन कोनों में जाकर
ख़ुद से सवाल करती रहती हूँ।

सवालllll...
सवाल ही तो कर पाती हूँ, पर कभी जवाब नहीं ढूँढ पाती।
मैं जानती हूँ...
मैं जानती हूँ, मैं खुश नहीं हूँ ख़ुद से,
ख़ुद से खुश न रहकर इंसान भला किसी से खुश रहता है?
कभी मन करता है कोई कसके पकड़ ले और बोल दे –

"सब ठीक हो जाएगा,
जो सोचा है सब मिल जाएगा,
धीरज रखो।"

पर एक मरोड़ है मन में,
एक बाधा है जो बार-बार चैन से जीने नहीं देती।
आजकल लिखती भी कम हूँ,
लिखना तो सबसे ज़्यादा पसंद था,
फिर उसे क्यों कम किया?

ढूँढा तो पता चला,
मन खोलके देखती हूँ तो शब्द नहीं आते,
और बिना शब्द कविता कैसे लिखूँ?
तुम ही बताओ?
मैं किस राह पे चलूँ?
मैं किससे लड़ूँ?
अभी भी सुनोगे ध्यान से, कान लगाकर,
तो तेज़ धड़कन सुनाई देगी,
ये तेज़ ही रहती है,
मानो इसे कहीं जाना हो,
मुझसे दूर...
सबसे दूर...

मन शांति चाहता है,
तुम बतलाओ तो कहाँ मिलेगी?
मिले तो बताना, संजो के रखना है।

13. मेरा शोर

एक शोर है,
गूंजता सा,
तुझमें, मुझमें,
मेरा शोर कुछ अलग सा है,
जब भीड़ में होता हूँ तो तेज़ सुनाई देता है,
जब अकेला होता हूँ तो शांत हो जाता है,
मैं जहाँ जाऊँ, जो करूँ,
मेरा शोर मेरे साथ चलता है,
मैं यादों की लहरों में डुबकी लगाऊँ तो वो इंतज़ार करता है,
मेरे आने का,
उन लहरों को पार करने का,
मेरा शोर गूंजता बहुत है पर किसी को सुनाई नहीं देता,
लोग कोशिश तो बहुत करते हैं पर कभी दिखाई नहीं देता,
वो लंबे फ़साने, वो लंबा सफ़र,
शोर में ही बीतता है,
ख़ुद की आवाज़ भी कहाँ सुन पाती हूँ?
मैं शोर में यूँ ही गुम हुई जाती हूँ
मेरा शोर गूंजता है,
तुम सुनो कान लगाकर,
बहुत तेज़ गूंजता है।

14. तुम्हें सुन पा रहा हूँ!

आजकल रूबरू कम हो पाता है,
तुम कहीं खोई-सी हो क्या?
कुछ बात ही नहीं करती
कुछ हुआ है?
या यूँ ही गुम आकाश की तरफ़ देखती रहोगी?
कुछ कहो ना
तुम्हारी आवाज़ सुने एक अरसा-सा हो गया
अगर मैं सुन पाता और तुम बोल पाती, तो कितना अच्छा होता ना?
पर ये बाकी लोग तो सुन सकते हैं, फिर इतना शोर क्यों नहीं सुन पा रहे?
तुम्हारे बिना बोले, तुम्हारा शोर गूंज रहा है।
लगता है सुनने के लिए कान की नहीं, महसूस करने की ज़रूरत है।
अच्छा है मैं बहरा हूँ, तुम्हें सुन पा रहा हूँ!

15. किसे ढूँढने निकले हो?

किसे ढूँढने निकले हो?
कहाँ ढूँढने जाओगे?
चौखट पे अपनी कभी तो लौट आओगे,
कभी करोगे इंतज़ार,
कभी मरहम लगाओगे,
कभी आँसू से भीगी चादर ओढ़े अकेले ही सो जाओगे,
कभी देखोगे हँसता हुआ,
कभी ख़ुद भी मुस्कुराओगे,
कभी सुनहरी यादों को आँचल में छुपाओगे,
कभी करोगे ख़ुद से बातें,
कभी यूँ ही चुप रह जाओगे,
कभी याद करोगे लम्हे,
सिसक-सिसक बिलखाओगे,

याद रखना उस शण भर में,
माफ़ सभी को करना है,
पत्थर जैसा बोझ लेकर वरना कहाँ सो पाओगे,

तुम याद करो वो पल जब तुमको,
लड़ते ही तो जाना है,

क्या हुआ जो छूट गया तो,
पकड़ के कहाँ ले जाना है?

जो है यहीं है, और नहीं,
सब मिट्टी में ही जाएँगे,
कौन साथ है या नहीं अब,
बस सब कहते ही रह जाएँगे,

मैं आशाओं से भरा हुआ,
मैं तुमसे बातें करता हूँ,
तुम सुन लो मेरी बात निराली,
मैं नहीं किसी से डरता हूँ,

मैं जीता हुआ आकाश,
मैं जल की तेज़ एक धारा हूँ,
मैं सात समंदर पार तुम्हारे,
घर की ही एक आशा हूँ,

किसे ढूँढने निकले हो?
कहाँ ढूँढने जाओगे?
जीवन भर की कमाई,
कहाँ ही लुटाओगे?

16. किनारा

आज जब रुका हु तेरे किनारे,
तो बस इतनी मेहरबानी करना;
जो सुकून के दो पल लेने आया हूं,
उन्हे मेरे लिए साजा के रखना;
हां तेरे पास बैठ कर अच्छा तो बहुत लगता है,
कुछ मैं कहता हूं कुछ तू अपनी लहरों से कहना चाहता है..
समझ आए ना आए क्या फर्क पड़ता है?
तू तो बस सुनता है मुझे, चुप चाप शांति से,
सवाल नहीं करता, शायद यही तो हम इंसानों से चाहते हैं;
की बस कोई मेरा भी किनारा बने,
डूबते सूरज की मंद मंद रोशनी का सहारा बने।

17. मैं फिर उठूँगा

सागर से पूछो उसे ये गहराइयाँ कितने संघर्षों के बाद हासिल हुई हैं?
पर्वतों से पूछो उन्हें ये ऊँचाई बनाए रखने में कितने प्रयास लगे हैं?
नदियों से पूछो कितनी ठोकरों के बाद बहने का रास्ता बनता है?
और मिट्टी से पूछो कितने लोगों की ज़िम्मेदारियाँ उठाकर वो मज़बूत
बनती है?

प्रकृति इतनी आसानी से कुछ कहाँ देती है?
हर पंछी, पत्थर, फूल, पेड़, पौधे
सबको अपने अस्तित्व के लिए लड़ना पड़ता है,
तो मैं कैसे हार मान जाऊँ?

आम से महान बनने तक का सफ़र तय करने में झुलसना होगा,
बहना होगा,
कई दफ़ा गिरकर उठना होगा।

मैं फिर उठूँगा,
जब तक उस सागर जैसा गहरा,
पर्वत जैसा अटूट,
नदियों जैसा लचीला
और धरती जैसा कर्तव्यबद्ध नहीं हो जाता,

मैं चलता रहूँगा,
उस मंज़िल की ओर,
जो ख़ुद को ख़ुद से बेहतर बनाती हो,
उस मंज़िल की ओर,
जो श्रेष्ठता की तरफ़ इशारा करे,
जहाँ पहुँचकर, कहीं और पहुँचने की लालसा न हो।

18. अतीत के पन्ने

मैं कई दफ़ा उँगलियों से उसे मिटाऊँ,
पर अतीत के पन्ने उस बिखरी स्याही को मिटने ही नहीं देते,
हर काग़ज़ पे एक नई कहानी लिखी है,
कई ख़ूबसूरत अल्फ़ाज़ हैं,
कई अटपटे शब्दों से व्याख्या बनाने की कोशिश की है,
पर बार-बार मेरी नज़र उस काग़ज़ पे पड़ती है,
जिसपे एक दफ़ा स्याही बिखर गई थी,
स्याही की छाप केवल उस हिस्से पे नहीं,
काफ़ी हिस्सों पे पड़ी,
मैं जब वो पन्ने पलटता हूँ,
वो बड़ा सा धब्बा आँखों में खटकता है,
बार-बार की कोशिशों के बाद भी,
स्याही नहीं मिटी,
शायद अब समझौता करना होगा,
उस पल से जब वो बिखरी थी,
हाँ अब उतनी सुंदर तो नहीं लगती मेरी यादों की किताब,
पर मुझे इसे अपनाना होगा,
इसी के साथ जीवन बिताना होगा।

19. तुलना

क़ामयाबी की सीढ़ियाँ चढ़ते-चढ़ते,
मेरी नज़र उन लोगों पर पड़ी जो मुझसे काफ़ी ऊपर निकल गए थे,
दूर से उनकी बस पीठ नज़र आती थी,
उन्हें देखकर मैंने ख़ुद को इतना छोटा समझा,
तिरस्कार किया,
हतोत्साहन से ख़ुद को भर दिया,
निराशा में नज़र झुकाए,
मेरी नज़र फिर उन लोगों पर पड़ी जो मुझसे काफ़ी पीछे थे,
उन्हें देखकर मन का शोर थोड़ा कम हुआ,
एक राहत की साँस ली, कि शायद मैं इतना पीछे भी नहीं।

...

ख़ुद की तुलना दूसरों से करते-करते मैं आगे बढ़ना ही भूल गया,
ठहर गया हूँ एक जगह,
मैं भूल गया कि मेरा और उनका रास्ता ही अलग है,
तो तुलना कैसी?
और तुलना नहीं, तो ग़म कैसा?
हम अक्सर अपने आस-पास की दुनिया से इतना भटक जाते हैं,
कि अपना रास्ता ही नहीं मिलता,

हमें ज़रूरत है ख़ुद को याद दिलाने की,
कि हम उनसे अलग हैं,
हमारे रास्ते अलग हैं,
और अलग चीज़ों की तुलना नहीं की जाती,
उन्हें सराहा जाता है।

20. माँ और उसकी गुड़िया

सामने से देखने में आम लगती है,
पर मेरी नन्ही गुड़िया कई दफ़ा मुझसे बात करती है,

मुझे बतलाती है कहानियाँ, किस्से नये–पुराने,
जो किसी ने न सुने हों, वो कई अल्फ़ाज़, कई गाने,

मैं रोज़ रात उसे अपने सीने से लगाकर सोती हूँ,
वो कहीं चली जाये, मैं खूब सिसक के रोती हूँ,

मुझको मेरी गुड़िया से बहुत प्यार है,
माँ के आँचल में छिपी कोख क्यों लाल है?

सब कहते मुझसे, "बिंदिया, अब बेटी का मोह छोड़ दे,
ये गुड़िया है, बच्चा नहीं, इससे नाता तू तोड़ दे"

मैं खूब ठहाके भरती हूँ, थोड़ा वियोग में मरती हूँ,
"इस गुड़िया में तो जान है", यही दोहराया करती हूँ,

.

.

कन्या भ्रूण हत्या ने किसका गला घोटा है?
उस माँ के एहसास का?
उस बिना जन्मी सांस का?
या समाज के विकास का?

21. तिरंगे की मुस्कान

उसके बटुए को टटोलती हूँ,
तो आज भी वो 20 साल पुरानी तस्वीर मिलती है,
वही तस्वीर जिसमें उसका रोना न रुका था,
और मैं?
मैं ठहाके मारकर हँस रही थी,

वो बार–बार कहता कि देखना, एक दिन तस्वीर में मैं हँसूँगा,
और तू रोएगी,
आज वो दिन आ गया है,
जब तिरंगे में लिपटी उसकी लाश पर अजीब सी खामोशी है,
चेहरे पर दुश्मन को मारने की मुस्कुराहट है,
और मैं?
आज मेरा रोना न रुका था,

ये फ़ौजियों की हिया मुझे समझ नहीं आती,
अपनी माँ से ज़्यादा भारत माँ को चाहते हैं,
और शहीद होने के बाद भी,
खूब मुस्कुराते हैं।

www.ingramcontent.com/pod-product-compliance
Lightning Source LLC
LaVergne TN
LVHW022030200926
848481LV00007B/2626